AF189705

Poesie

Satori

Vorwort

Ende Dezember 2019 fand ich das Gedicht *Das Selbst* wieder, dass ich schon im Jahr 2015 geschrieben hatte. Es geschah nur wenige Stunden nach einer Entwicklung, die ich als das Absterben eines sehr festen Teils meines Egos beschreiben möchte, ausgelöst durch eine starke Krisensituation. In den darauf folgenden Tagen entstanden, wie im Rausch, alle weiteren Gedichte, die hier geschrieben stehen. Es war als hätte sich ein Tor geöffnet durch das es kommen und sich ausdrücken konnte. Auch wenn einige der Gedichte autobiographisch gefärbt sind und ich mich thematisch mit Vielem schon seit Jahren beschäftige, fühle ich mich doch weniger als ihr Autor als vielmehr ihr Medium. Sie präsentieren sich hier einfach in der Reihenfolge in der sie kamen.

München, im Januar 2020

Das Selbst

Das Selbst es ist das deutsche Wort
für diesen, ja, geheimnisvollen Ort
an dem Identität verschwindet,
sich alles einerseits verbindet
und andererseits sich etwas findet,
was tief im Herzen jeder spürt,
was jeden Menschen wirklich rührt.

***

Vom Loslassen

Da gab es was, das dich berührte.

Es dummerweise dazu führte,

dass du es fest gehalten hast.

Im Lauf der Jahre es zur Last

geworden ist.

Doch diesen Zwang wirst du erkennen.

Und wenn es reif, kannst du's benennen.

Erwachsen bist,

jetzt bist du frei.

So kann es wieder dazu führen,

dass dies und Neues dich berühren.

***

Selbstbestimmung

Du ahnst da gibt es diesen Platz

den zu beschreiben mit dem Satz

du bist Zuhause möglich macht.

Und ja, ich hab es mir gedacht

dich nährt, dich blühen lässt und nicht zuletzt

dich in die Lage ganz versetzt

dich um der Selbstbestimmung wegen

dies Leben so und ganz genau so zu begeben.

***

Von der Hingabe

Die größte Gnade die wir kennen
ist Fähigkeit es zu benennen:
Dein Wille, Gott, der soll es sein
und nicht des Egos trüber Schein.
Gewiss, es braucht den Heldenmut
zur Hingabe im Hier und Jetzt.
Dann dieser Satz „'s ist alles gut"
in tiefen Frieden dich versetzt.

***

Leben

Oh,

das ist das Leben also.

Ich hätt's vermutet anders wo.

Oh!

***

Die Ungeduld

Die Ungeduld, die Ungeduld
was ist sie doch bei Licht betrachtet?
Ein Widerstand zum Hier und Jetzt.
Die Illusion von einer Schuld.
Der wache Mensch es gut erachtet:
Schuld gibt es nicht.
Und wenn du es ganz so betrachtest
es ganz in Freiheit dich versetzt.

***

Ich bin das Leben

Ich bin das Leben.

Was kann das sein?

Es ist das Beben,

es ist das sein

in absoluter Gegenwärtigkeit.

Du brauchst hier keine Fertigkeit.

***

Ihr schönen Weiber

Ihr schönen Weiber, wie ich euch liebe.

Auch, klar, geschuldet meiner Triebe.

Seid warm und weich und so begehrenswert.

Hmhm … ich könnt... 's nicht verkehrt.

Doch seid ihr mehr als dies Begehren.

Das will ich sicher nicht verwehren.

Seid das, was uns zu Männern macht.

Und dieses Umstands anbetracht

aufauf zum Tanz und seid gewiss,

wenn's euch nicht gäb ich euch vermisst.

***

Der Fetisch

Jetzt wird es also auch mal schief.

Bisher 's noch recht gewöhnlich lief.

Er hat da diese eine Neigung

mit, ja gewiss, sehr altem Ursprung.

Er steht auf [ ].

Ist Form, Gefühl und Umstände

in denen er sich so befände.

Ende.

Man nennt das Fetisch was ich weiß.

Fragt euch jetzt selbst was macht euch heiß?

Und wenn da auch was Schräges ist dann seid

gewiss:

Was keinem anderen füget Leid

so tut es ganz und voller Freud.

***

Das Münsterland

Das Münsterland mir sehr verbunden

Paar eigne Wurzeln dort gefunden.

Und viel von dem was ich so sei

drückts aus und dabei macht mich frei

der Blick auf seine Schönheit.

Die Kotten, Wasserschlösser, Pappelalleen

und auch die Menschen musst du sehen:

's ist sanft und rau und weit.

Und weise sind sie dort bis weilen.

Nicht für das Neuste sich beeilen.

Und auf den Punkt es wird gebracht durch sie die

sagt:

Sall aals sowat sien.

Begabt.

***

Der Sozialist

Der Sozialist das ist ein Ego,

gefangen tief in jenem Credo,

dass nur gerecht verteilt durch ihn was schließlich

die Moral gebietet.

Das wahre klare sich verbietet.

Das Jesus Wort wer hat dem wird gegeben,

macht nur im Kehrwert Sinn in seinem Leben.

So alles linkisch ideologisch konstruiert,

sich unbewusst von allem Wahren distanziert.

Und durch den Zwang der Projektion,

der eignen Mündigkeit zum Hohn,

er weiter grausam etabliert.

Schon bald den halben Erdkreis infiziert.

Und ganz im Eifer voll gebannt

nicht sieht vor welchen Karren er gespannt.

***

Ein hässlicher Hund

Was ist das hier?

Dies armselige Tier!

Mir scheint als sei der Schrecken,

es lässt sich kaum verdecken,

der vom Erkennen seiner Existenz ist ihm

geblieben

buchstäblich ins Gesicht geschrieben.

***

Der Hipster

Der Hipster ist das Phänomen,

das um es richtig zu verstehn,

die Männlichkeit stellt auf die Probe,

das nicht zuletzt durch die Gardrobe

mit Dut und Flaum und freiem Knöchel.

Was ich, ganz ehrlich, schon belächel.

Welch wacher maskuline Geist

macht freiwillig so einen Scheiß?

***

Die Wangerooge

Dort draußen in der deutschen Bucht,

da liegt sie.

Ein Fluchtpunkt alter Sehensucht.

Ich lieb sie.

Der Blick er schweift und reicht noch weiter.

Das Herz sich öffnet und wird heiter.

Da, ja dort, es könnte sein,

wirft noch ein Leuchtturm seinen Schein.

Der Durst des Sehens hier gestillt.

Was nie zu halten ist im Bild.

Jetzt geht's nach Hause.

Stille.

Nur noch der Nordsee rhythmisches Gebrause.

Fülle.

***

Vom Geld

Was gilt, ist was Verträge regeln.

Und Geld von gilt her stammt.

Auch müssen wir nicht überlegen:

Was meins, was deins, wir wissen es allsamt.

Doch wenn wir dies vergessen,

dann macht es uns besessen

von diesem Stück Papier.

Schon lauern dort und hier

die Fälscher, jener Scheine,

die für die Zukunft dir versprechen,

doch immer wieder wird sich's rächen,

durch ihren Schöpfungsakt schon keime

ein wundersamer Mehrwert auf das deine.

***

Die politische Verantwortung

Wir müssen doch was machen.

Gleich hier, sofort und auch in andren Sachen.

So wie es ist kann's jedenfalls nicht bleiben.

Und voller Eifer sie dann treiben

voran die großen Pläne.

Das Leben Anderer verwalten

heißt hier die Zukunft zu gestalten.

Für Sicherheit und Umwelt,

für Kunst, Gesundheit und das Geld,

Für Minderheiten, Bildung, Sport,

für Migration an jeden Ort,

Für Kinder, Rente, Mindestlohn,

Für Energie und wie ich wohn,

Für unsere Vergangenheit,

sind sie bereit

Verantwortung zu übernehmen.

Doch ist das möglich?

Nun ja, es kling schon löblich.

Doch der Verdacht im Raume steht

es hier um ganz was Anderes wohl geht.

***

Der Bürger

Das Licht der Welt gerad erblickt,
so wird es sich schon angeschickt
das arme Kind zu registrieren.
Denn hier, man darf sie nicht verlieren,
die schöpferische Kraft
die letztlich alles schafft.
Belegt wird sie mit Hypothek,
umfasst den ganzen Lebensweg.
Und so ein Bürger ist gemacht.
Die Eltern hätten's nicht gedacht:
Ihr liebes Kind als Sicherheit
verpfändet ist in alle Zeit.
Ja, Bürger kommt von bürgen.
Doch last euch nicht erwürgen,
von aller Pflichten Last und Haft!
Sonst ist es nur Leibeigenschaft.

***

Der Staat

Was ist ist alt. Der Staat er bleibt.

Auch wenn je nach Gelegenheit

Figuren neu erscheinen.

Vermeintlich neue Kräfte sich vereinen.

In Wort und Form sie variieren.

Zuletzt meist Herrschaft zementieren.

***

Die Liebe

So schnell wird doch die Liebe

verkürzt auf jene Triebe,

die Mann und Weib verführen.

Doch kannst du leicht erspühren:

Im Hintergrund noch viel mehr steht.

Ja selbst der Physiker, der weiß wie's geht:

Nicht Teil, Beziehung ist das Wort

was Form und Zeit und jeden Ort

erfindet

und alles tief verbindet,

was diesen Kosmos eint,

was uns als Leben so erscheint.

***

Poesie

Sie ist die ganz besondere Energie

die es vermag beim Lesen,

dass eben jenes reine Wesen,

von dem was so ein Dichter schreibt,

in dir erklingt und ewig bleibt.

***

Warum?

Jetzt ist es so.

Es ging sehr schnell.

Das neue scheint noch ziemlich grell.

Warst grade noch ganz anders wo.

Das „ja, so ist's" es fällt dir schwer.

Und bohrend du dich fragst warum?

Doch diese Antwort sie bleibt stumm.

Wo kommt das neue nur bloß her?

Und ist es nur zu deiner Qual?

Doch ahnst hier gibt es eine Wahl.

Zum Mut auf diesem neuen Weg zu gehen.

Und was dort kommt du wirst schon sehen.

***

Krankheit

Da ist etwas schon lange.

Nur jetzt wird es dir bange.

Sogleich die Ärzte eifrig rennen,

das Ding von A bis Z korrekt benennen.

Und logisch folgt aus ihrem Schluss

der therapeutische Beschuss.

Sodann er nennt, nach Adam Riese teilend,

der Fachmann die Wahrscheinlichkeit fürs heilen.

Doch nicht zuletzt

die Therapie den Körper erst verletzt.

Das sind sie die Geschichten.

In Wahrheit doch das Leben kann's nur richten.

***

Jenseits von Gut und Böse

Ein scharfes Schwert ist die Moral.

Lässt dir doch kaum mehr eine Wahl.

Sollst wohl nicht näher dir's betrachten.

Hier müssen wir doch klar verachten

mal dies, mal das und auch mit Recht.

Nicht immer ist die Regung echt.

Ist Diener wohl verborgener Herren,

dir einen klaren Blick versperren.

Auf diese Wahrheit.

Mit zunehmender Klarheit,

ahnst du es: Was uns erlöse,

wohl jenseits liegt von Gut und Böse.

***

Verliebt sein

Die einen trifft es wie ein Blitz.

Für andere klingt das nach Witz.

Kennt weder fremd noch wohl vertraut.

Wenn's ist, dann ist es schön und laut.

Als jubelte das ganze Sein

voll Freude und im Herzen rein.

***

Von der Arbeit

So mancher sagt, er macht's für's Geld.

Der nächste für die Pflicht es hält.

Dem Staat, er mag's beteuern,

ist's Quelle seiner Steuern.

Ein Künstler sich darin verliert.

Der Manager oft variiert.

Wohl Allen liegt zum Grunde,

in jener kreativen Stunde,

des Menschen schöpferisches Sein.

Und all der Arbeit mühselige Pein

ist doch, ich will es hier benennen,

nur dazu da dich selbst jetzt zu erkennen.

***

Der Außenseiter

Die Toleranten sind sich einig.

Ihr Weltbild stimmt, es ist fast heilig.

Ein Außen, das kann's nicht mehr geben.

Geschafft, Kontrolle über's Leben!

Und jeden, der von dort will fliehen,

sie unerbittlich umerziehen.

***

Golf spielen

Wie so ein kleiner Ball

so magisch zieht mich überall

in diesen Wunsch ihn satt und voll

genau dahin zu schlagen,

wo er dann sein soll.

Warum? Ich kann's nicht sagen.

***

Die Insel Juist

Zuhause, ja das wahr ich schon.

Sie ist des Loslassens sehr schöner Lohn.

Auf, sag: kannst du nur eine Frau so lieben?

So bin ich beiden treu geblieben.

***

Wo stehen wir?

Was sagt der KPI?

Ja wenn nicht jetzt, dann nie!

Wir brauchen den Bericht!

Es rechnet sich noch nicht.

Ist das nur Phantasie?

Ja wie?

Ressourcen die sind knapp.

Aufauf, jetzt macht mal nicht gleich schlapp!

Und frag, dass die Kontrolle nicht verlier:

Wo stehen wir?

***

Mein Dresden

Sie ist mein erster Aufbruch.

Im Schmerz das Neue kann erblühen.

Symbol für Freiheit ist ihr Fluch.

Wohl, anfangs war es ein Bemühen.

Am Ende war es nur ein Jahr.

Schon bald und auch bis heute ist mir klar,

dass dieser Stadt, auch wenn ich in ihr nicht dann

bliebe,

doch ganz gehört ihr, meine Liebe.

***

Mein Deutschland

Denk ich an Deutschland in der Nacht,

so bin ich wohl um meinen Schlaf gebracht.

Doch ist es weniger die Sorge.

Es ist, und ja, ich es mir borge

bei unsren Alten,

eher den unverdächtigen Gestalten:

Dies Land, ganz mitten drin,

ein Kind seiner Geschichte ich auch bin.

Das bin ich gerne.

Hab Acht, es ruft aus weiter Ferne.

Ruft dich. Noch sagst, hab mich doch gerne.

Doch spürst du trotzdem eine Wärme.

Ach wär ich nur bei dir geblieben

du meine Heimat, du mein Frieden.

***

Ein Schlusswort

Ein Schlusswort oft verwendet.

Des Lesers Zeit meist nur verschwendet.

***

Herstellung und Verlag:
BoD – Books on Demand, Norderstedt
ISBN: 978-3-7504-4237-5

FSC
www.fsc.org

MIX

Papier aus ver-
antwortungsvollen
Quellen
Paper from
responsible sources

FSC® C105338